Obra ganadora del Premio Hispanoamericano de Poesía para Niños 2018
El jurado estuvo conformado por Paola Morán, Laura Escudero Tobler y Julio Trujillo

Distribución mundial

© 2019, María José Ferrada, por el texto
© 2019, Andrés López, por las ilustraciones

D. R. © 2019, Fundación para las Letras Mexicanas, A. C.
Liverpool, 16; 06600 Ciudad de México
www.flm.mx

D. R. © 2019, Fondo de Cultura Económica
Carretera Picacho Ajusco, 227; 14738 Ciudad de México
www.fondodeculturaeconomica.com
Comentarios:
librosparaninos@fondodeculturaeconomica.com
Tel.: 55-5449-1871

ISBN 978-607-16-6339-9

Impreso en México • *Printed in Mexico*

Primera edición, 2019

_____

Ferrada, María José
    Cuando fuiste nube / María José Ferrada ; ilus. de
Andrés López. — México : FCE, Fundación para las
Letras Mexicanas, 2019
    [40] p. : ilus. ; 24 × 18 cm
    ISBN: 978-607-16-6339-9

    Poesía Infantil 2. Literatura Infantil I. López, Andrés,
il. II. Ser. III. t.

_____

LC PZ7   Dewey 808.068 F566c

_____

Colección dirigida por Horacio de la Rosa
Edición: Susana Figueroa León
Formación: Miguel Venegas Geffroy

Se terminó de imprimir y encuadernar en octubre
de 2019 en Impresora y Encuadernadora Progreso,
S. A. de C. V. (IEPSA), calzada San Lorenzo, 244;
09830 Ciudad de México.

El tiraje fue de 7 000 ejemplares.

Cuando fuiste nube

MARÍA JOSÉ FERRADA

ANDRÉS LÓPEZ

f,l,m.
fundación para las
letras mexicanas

FONDO
DE CULTURA
ECONÓMICA

I

Siéntate a la mesa
y observa
al pequeño caballo

que galopa

entre el pan
la miel
la cafetera.

Inventa un idioma para él
(palabras como zanahoria
azúcar
trébol)

y dile que se acerque.

Sucede siempre o casi:
el caballo subirá a una de tus manos

y se quedará ahí, acurrucado
por un par segundos.

Porque esa es la costumbre que tienen los de su raza
cuando se encuentran a un niño –como tú– sentado a la mesa

que inventa un idioma
(palabras como trébol
azúcar
zanahoria)

y le ofrece una de sus manos
en señal de amistad.

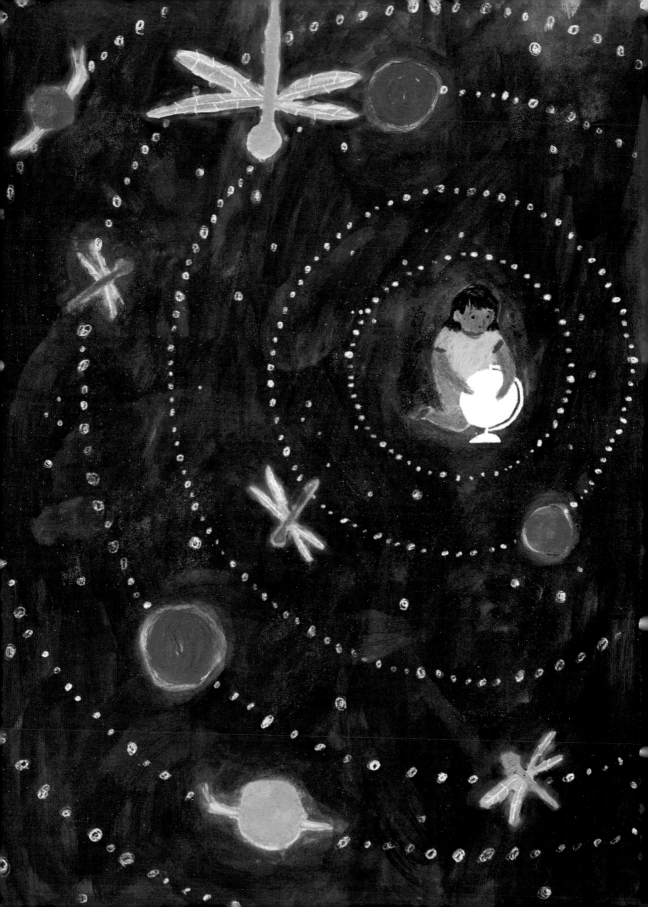

II

Los astronautas
salen a los parques
a la hora en que la luna aparece en el cielo.

Caminan lento y llevan casco
(el casco se parece a una escafandra).

Si te encuentras con uno
salúdalo
y no dejes que se vaya sin que te cuente
algo
acerca de su viaje.

Lo hará con gusto
porque los astronautas son amables
por naturaleza.
Y nostálgicos.

El último que vi
me dijo que la luna era silenciosa
como película muda
que era imposible describir un silencio así.

Me quedé pensando
en que tal vez a ti se te podría ocurrir
una palabra para eso.

Un idioma nuevo
que regalarle a los astronautas
cuando los veas
caminando por el parque

como si el próximo Apolo

estuviera
listo para partir

esperando ahí,
entre el sol

y los columpios.

III

Busca al monstruo que vive debajo de tu cama
y dile que te hable de la oscuridad.

El mío me dijo que era un trozo de la noche
un rectángulo
que los monstruos llevan en su morral.

Fue nuestra primera y única conversación.

Desde entonces me asomo de vez en cuando
a mirar.

Y lo veo
sujetando con sus manitos de monstruo
su pedazo de cielo negro

confiado

como si la oscuridad brillara
como si también la oscuridad fuera una lámpara.

IV

Mira con atención el horizonte
para que no te pierdas el momento
en que una de las montañas
–ésas que se ven desde tu ventana–
se despierta.

Sucede cada cien años
o doscientos.

Una montaña sacude su traje

nieve
árboles
pájaros

y camina.

No creas que se trata de un gigante.

Las personas inventan cosas
–los gigantes no existen–
tú mantente atento
y pide al cielo
que te dé un poco de suerte.

La suficiente para ser
uno de esos afortunados
que un día cualquiera, mirando por la ventana,
ven cómo una montaña
despierta de su siesta

y se levanta.

V

Y ahora que el sol ya se ha escondido,
hablemos
de los viajes.

Sucede que hay noches en que las estrellas
bajan.

Abrigo blanco
bufanda de plata
pequeñas.

Tanto que caben en la palma de una mano.
Tanto que cansadas
se acurrucan en el interior de

faroles
cajas de fósforos
linternas

todas las habitaciones de la luz.

VI

Y ahora escucha.
Sucede cada otoño
solo un día:

un árbol toca la puerta
entra en la casa
y saluda a sus parientes.

Los recuerdos del bosque
zumban en la sala
como abejas del sol:

trinos
brisa
luz

días en que también

la mesa
las sillas y el librero

fueron árboles.

Sucede cada otoño
solo un día:

el árbol parte
y deja en la sala

sonido de ramas
y raíces

una nostalgia
un recuerdo amarillo.

VII

Lo vi desde mi ventana

(luz de febrero
o marzo)

un banco de peces atravesó el cielo
volando.

El espacio que une el cielo y el mar

hicieron un agujero
y lo cruzaron.

No eran pájaros de plata
no eran trozos de la luna.

Te lo prometo, eran peces.

VIII

Fue en el tiempo de la abuela
o antes.

Los niños aprendieron la lengua de los búhos.

Vocales que colgaban de la noche
consonantes que crujían como hojas secas.

Niños y búhos se reunían
donde comienza el bosque.

Te lo contaré, como me lo contaron a mí:

Había una vez
una estrella dormida en el ramaje.

Había una vez
palabras que nacían
una por una, del corazón del castaño.

Había una vez un silabario perfecto
una tela de araña.

IX

El nacimiento de los muebles
es algo natural.

El tronco del árbol se sacude
y en lugar de hojas

baúles
armarios
mesas

caen como nueces.

Crecimiento y labor:
un carpintero los lleva a su taller
(el taller tiene una ventana
por la que entra el sol y
el sol es una manta)
espera a que maduren.

Labor y fortuna:
tengo algo para ti en el bolsillo
es un sofá.

Lo encontré ayer, mientras caminaba
hacia mi casa

ahí
entre los tréboles.

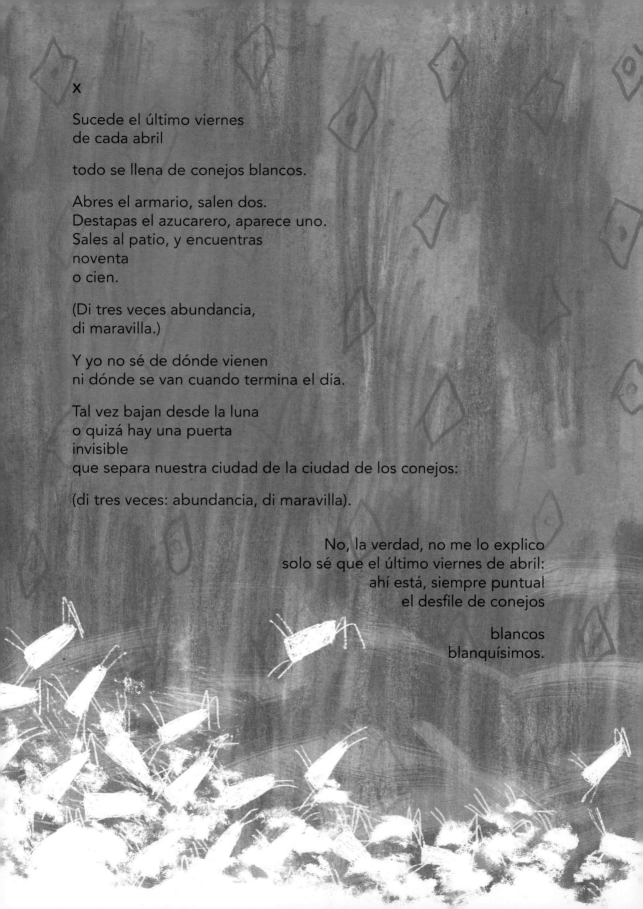

X

Sucede el último viernes
de cada abril

todo se llena de conejos blancos.

Abres el armario, salen dos.
Destapas el azucarero, aparece uno.
Sales al patio, y encuentras
noventa
o cien.

(Di tres veces abundancia,
di maravilla.)

Y yo no sé de dónde vienen
ni dónde se van cuando termina el día.

Tal vez bajan desde la luna
o quizá hay una puerta
invisible
que separa nuestra ciudad de la ciudad de los conejos:

(di tres veces: abundancia, di maravilla).

No, la verdad, no me lo explico
solo sé que el último viernes de abril:
ahí está, siempre puntual
el desfile de conejos

blancos
blanquísimos.

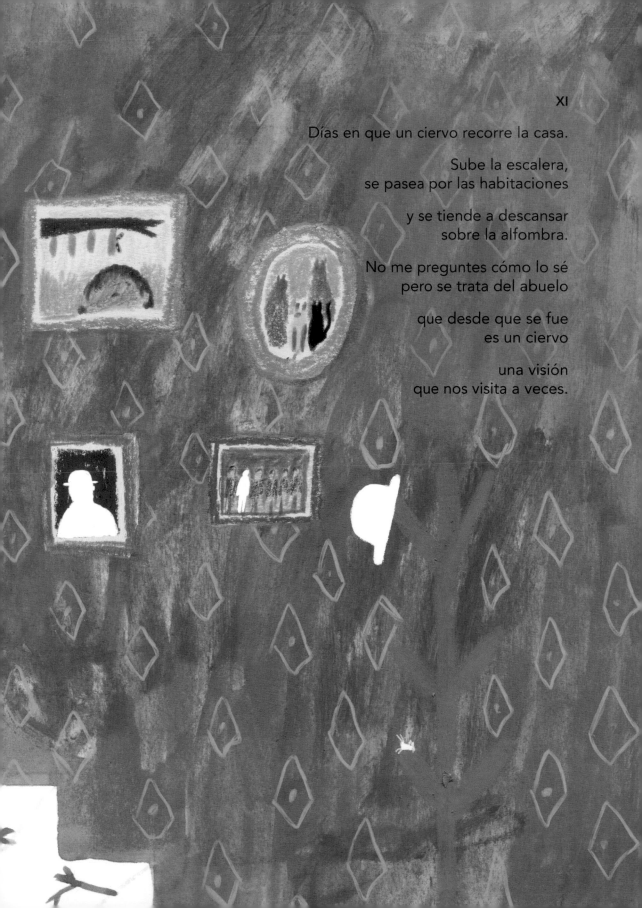

Días en que un ciervo recorre la casa.

Sube la escalera,
se pasea por las habitaciones

y se tiende a descansar
sobre la alfombra.

No me preguntes cómo lo sé
pero se trata del abuelo

que desde que se fue
es un ciervo

una visión
que nos visita a veces.

XII

Ahora miremos el cielo
hablemos del día en que antes de ser tú
fuiste nube

y tu pasatiempo era atravesar el cielo volando

volverte

dragón
oveja
elefante

todos los animales
sobre el fondo celeste.

No, no me digas que no te acuerdas.

Si desde ese día
busco y busco
entre mis recuerdos
uno tan liviano como ese.

El día en que también yo

fui nube
viento
sol

el color anaranjado de los días.

XIII

Era una máquina pequeña.

Te la llevabas al oído
y escuchabas:

el corazón del baúl
el corazón del jabón
el corazón de los insectos dorados.

Además de pequeña era una máquina sencilla:

un megáfono con forma de lirio

flor
oído
caracol

que comprendía la voz

el espíritu
de todo.

XIV

Ahí, en el límite entre el primer jardín
y lo demás
antes del día y de la noche

nacieron las luciérnagas.

Del centro de las flores
de las pequeñas lámparas que brotaban del limonero

vino una fuerza
un titilar.

Luciérnagas
muchas luciérnagas
se desprendieron del cielo

brillaron.

XV

Mi fantasma

blancura
algodón
nube minúscula

apareció de la nada en mi bolsillo.

Los primeros días intentó asustarme:

pequeñas manos que se estiraban
carreras por mi escritorio.

Estuvo en eso una semana, mi fantasma

blancura
algodón
nube minúscula

y al ver que no lo lograba
se cansó
creo que hasta se enojó un poco conmigo.

En señal de paz
le dejé un dedal con té
migas de galleta.

No los probó
el primer día ni el segundo.
Pero al tercero se acercó, sigiloso:
primero, un sorbo de té
luego, una miga de galleta.

Han pasado los años y creo que nos hemos hecho amigos,
mi fantasma y yo.

Blancura
algodón
nube minúscula.

Cada día
a las cinco de la tarde
sale de mi bolsillo puntual.

Y bebemos el té
compartimos las galletas.

XVI

Ahora asómate
a la ventana

y mira

el nacimiento
de los caballos

(todos los caballos
nacen de la niebla).

Lo primero que aparece
en medio del paisaje es un corazón
luego, alrededor

el caballo.

Sucede justo en medio del invierno

de la boca del caballo recién nacido
sale vapor

más niebla

y un nuevo corazón
—esta vez pequeñísimo—

otro caballo.